LA
DÉMOCRATIE FRANÇAISE

ET

LA DISTRIBUTION DES PRIX

AUX ÉLÈVES DE LA SECTION POLYTECHNIQUE DU Ier ARRONDISSEMENT

15 Octobre 1887

PAR

E. SAINT-BRIS-MUSSET

———

PARIS

IMPRIMERIE ET LIBRAIRIE CENTRALES DES CHEMINS DE FER

IMPRIMERIE CHAIX

SOCIÉTÉ ANONYME AU CAPITAL DE SIX MILLIONS

Rue Bergère, 20

1887

157.

LA
DÉMOCRATIE FRANÇAISE

ET

LA DISTRIBUTION DES PRIX

AUX ÉLÈVES DE LA SECTION POLYTECHNIQUE DU Ier ARRONDISSEMENT

15 Octobre 1887

PAR

E. SAINT-BRIS-MUSSET

PARIS

IMPRIMERIE ET LIBRAIRIE CENTRALES DES CHEMINS DE FER

IMPRIMERIE CHAIX

SOCIÉTÉ ANONYME AU CAPITAL DE SIX MILLIONS

Rue Bergère, 20

1887

LA

DÉMOCRATIE FRANÇAISE

ET

LA DISTRIBUTION DES PRIX

AUX ÉLÈVES DE LA SECTION POLYTECHNIQUE DU Ier ARRONDISSEMENT

La politique qui trop souvent n'est qu'un bruit de querelles sans bonne foi et que déshonorent des cupidités masquées de républicanisme généreux ou de royalisme chevaleresque, est bien peu l'expression d'une société et, en particulier, de la société française.

Quand nous fera-t-on l'histoire de la société qui travaille, qui étudie, qui invente, qui se dévoue dans le silence, qui crée ces mœurs, ces relations de sympathie, de respect et d'assistance, cette culture, cet idéal ardent, mais discret de patrie et d'humanité, cette aisance enfin, qui forment le caractère général de la France?

L'histoire de ces groupes intrigants, turbulents ou violents, avides, mais stériles, artisans de basses comédies ou de drames sanglants, cette histoire n'est pas plus le miroir d'un pays, du nôtre, que les baraques et les jeux d'une foire ne sont ses habitations et son activité pourvoyeuse.

Un historien, un professeur d'histoire ne serait-il pas par ses récits des hypocrisies, des convoitises, des intrigues, des meurtres de quelques bandits de cour, par des peintures de guerres qu'ont fomentées des individus sanguinaires, ne serait-il pas insciemment le diffamateur d'une population laborieuse, paisible, utile, humaine, qui n'eût de rôle, dans les assauts, de jour ou de nuit, à la fortune ou à la fausse gloire, que comme dupe, victime ou instrument?

Les prétendus tableaux des siècles ne nous ont jamais intéressés que comme des fictions.

Nous n'avons jamais cru à la légèreté ni au libertinage du xviiⁱᵉ siècle; à la férocité des années 1793, 94; ni à l'ambition carlovingienne du commencement de ce siècle, comme expression synthétique de ces époques correspondantes. Nos aïeux de ces temps furent dans leur ensemble aussi sages, pas plus farouches, pas plus extravagants d'orgueil césarien que nous-mêmes.

Ce ne sont pas les crimes, les passions désordonnées qui caractérisent jamais un peuple; ce sont bien plutôt les vertus, disons-le en témoignage de la nature humaine.

En 1789, quel élan généreux en toute la France! Quelle clarté dans tout le ciel de la raison générale! Quel cri universel de la rédemption et de la pitié de toutes les classes et pour tous les hommes! quel respect de la vie et du travail de l'homme, de sa liberté, de l'indépendance des peuples!

La terre française, en ces grands jours, envoyait au loin une sonorité suave, et elle soupirait jusqu'aux confins du monde un chant d'amour aux oreilles des nations.

Le paysan dans nos campagnes rompait ses liens féodaux et, le matin, comme le soleil montait, son âme, enfin libre, s'élançait dans la lumière pour découvrir, aspirer, pour adorer les biens de promission et de la foi commune.

Et même, en 1793, 94, en ces mois lugubres où quelques fous violents égorgeaient les plus honnêtes citoyens de France, jamais la France ne fut plus généreuse, plus haute de cœur, plus ardente d'héroïsme, plus sacrifiante de son sang contre les despotes du Nord, à qui elle voulait arracher la tyrannie pour la délivrance du genre humain.

Que n'arracha-t-elle la guillotine à quelques méchants pour sauver André Chénier! pour sauver Mme Roland, Lucile, le vieux Malesherbes! pour sauver Vergniaud! pour sauver Danton! pour que Hoche ne reçût pas sur sa gloire la tache d'ombre d'une prison! pour sauver Marie-Antoinette, Mme Élisabeth! Dites-moi, vous, hommes qui, pendant votre vie, avez partagé le lit d'une femme, guillotine-t-on des femmes? guillotine-t-on des mères? et le peuple, irresponsable, traînerait ces cadavres! ils appartiennent à ceux qui les firent.

Cette grande génération vivante, nous échappions à Napoléon!

Non, la France, ni aucun autre pays, ne méritèrent, en aucun temps, d'être solidarisés dans des œuvres d'intrigants, de fous, de pervers, qui ne compromirent avec eux-mêmes que des agents, des ministres et une domesticité sans scrupule.

Quelle a donc été la France? quelle est-elle? où la distinguer dans sa vraie physionomie? et où et comment vit-elle habituellement?

Nous avons été présent, il y a quelques jours, à une réunion, dans le Ier arrondissement, d'une section de l'Association Polytechnique. Elle avait simplement pour objet des prix aux élèves assidus et l'inauguration des cours de l'année qui s'ouvre.

L'assemblée était nombreuse, sympathique, attentive, d'une décence élégante. Là, étaient de ces ouvriers dont la vie est une sorte de faction ininterrompue dans le travail; de ces femmes ouvrières qui, le soir, à minuit, épanouissent, comme sous l'haleine maternelle, et disposent des fleurs pour la parure de leurs filles; des membres de cette bourgeoisie instruite, libérale, un peu rêveuse, aisée et courtoise, qui

*

fréquente la classe ouvrière, parce qu'elle trouve chez elle goût,
intelligence, concours pour l'ordre progressif qui l'occupe.

M. R. Saint-Martin, conseiller municipal, présidait. Aucun
président ne fut plus en harmonie avec une assemblée de ce
caractère par sa gravité, sa placidité et sa douceur d'attitude,
par sa parole de tolérance, d'arbitre conciliateur, d'encouragement et de bon sens.

Citons le choral de la *Belle Jardinière*, étonnant d'ensemble,
de précision, de sonorité harmonique et pénétrante, sur
lequel planait le rayonnement de cent médailles, avec l'applau-
dissement et la joie de tous.

Cette *Belle Jardinière* a un nom heureux et mérité. Elle
habille les gens en femme laborieuse et de goût, et elle charme,
elle ennoblit son travail de chants que semble conduire un
rossignol, ami de la maison et du jardin. Ce rossignol appar-
tient à M. de Martini, le chef du choral.

. L'Association Polytechnique, dans cette section, a pris pour
secrétaire, un comptable de la *Belle Jardinière* elle-même,
M. Corteggiani, nom italien, porté par un Français modèle.
M. Corteggiani *Courtise* et pratique le travail, la modestie, le
dévouement, et c'est lui qui offrait aux oreilles savantes de
l'Association Polytechnique cette cage adorable d'oiseaux
musiciens.

Citons Mlle Mazellier qui, comme piquée d'honneur par l'ai-
guille de ces tailleurs artistes, s'est envolée bien haut comme
une alouette, vibrante d'une voix pure, ample, déliée, égalant
de son agilité l'espace; son frère, d'un archet habile, l'accom-
pagnait. Complétait le trio une pianiste dont le nom fuit ma
plume, à qui ses talents ne permettaient pas de rendre agréable
un piano, étique et desaccordé.

M. Bina était là avec ses élèves. On connaît M. Bina, il est
un propagateur dévoué et habile de notre langue et de notre
littérature; de son geste et par le choix de ses auteurs, il a
consolé, relevé, enflammé le cœur de bien des Français et la

diction de ses élèves est comme une expansion du patriotisme qui l'anime.

. M. Bina a déclamé avec éclat des vers de notre poète *national*, Victor Hugo; pas plus national que Lamartine, cette harpe athénienne posée sur les grands chênes de notre Révolution; pas plus qu'Alfred de Musset, le vengeur du *Rhin allemand*; pas plus que Béranger qui avec sa gaieté seule fracassa le dernier trône de droit divin; moins national que Rouget de l'Isle, l'inépuisable forgeron dans l'Etna français; moins que Pierre Corneille qui lança, dans nos batailles épiques contre l'Europe absolutiste, Rome invincible; pas plus national encore que nos historiens qui par tant de veilles et tant de cœur dégagèrent notre patrie et sa conscience de nos vieux âges confus.

Nommons aussi le doux, le sincère, le modeste, nous l'avons connu, Auguste Barbier, orage de poésie tonnant au-dessus du charnier de l'Europe, cette conscience française qui *maudit*, damna de la réprobation historique l'immense égoïste, le faux dieu, idéalisé en vingt odes, du paganisme impérial.

Mais M. Bina a récité avec une passion éloquente les vers de Victor Hugo; et on eût dit, en l'écoutant, que la veille, il avait fait un pélerinage au Panthéon pour mieux s'inspirer dans sa noble récitation de l'âme et des intentions du grand poète.

. L'Association Polytechnique, dans cet arrondissement, quitte, malgré son zèle, une salle, l'élégante salle du prétoire de la justice de paix. Des motifs qui ne peuvent nous occuper ici, lui ont imposé cette retraite; mais il y aurait injustice à affirmer que l'action de l'Association Polytechnique a été inutile au prétoire.

Il y aura bientôt un an, le plus grand orateur de l'Espagne, E. Castelar, un géant de la parole, réunit à Paris, à l'hôtel Continental, un auditoire nombreux de patriotes; il leur montra, avec son incomparable langage, combien il était urgent, commandé par cent nécessités historiques, sociales, de préparer, de constituer l'union Helléno-Latine.

Bien avant M. Castelar, dans cette même salle du Prétoire, soit dans des cours, soit dans des conférences, cette pensée d'union, de cohésion latine, cette pensée de préservation et d'abri contre nos éternels envahisseurs, cette pensée, dis-je, là, au Prétoire, a été soutenue, développée ; il est juste de rappeler cette initiative humble et isolée, elle s'attache à la Mairie du Iᵉʳ arrondissement comme un souvenir qui ne restera pas stérile.

D'ordinaire, quand on entre dans un salon, on salue d'abord le maître de la maison et nous n'avons encore ni salué, pas même nommé M. R. Brossard, le chef de la section polytechnique, lui qui nous a accueillis, tous, avec tant d'aménité et de courtoisie, qni a organisé, avec l'intelligent M. Corteggiani, cette soirée, exemplaire par la tenue générale, par la physionomie éveillée et modeste des élèves couronnés ; la satisfaction visible de leurs honnêtes parents recevant les récompenses comme des recommandations et des titres de la famille elle-même ; exemplaire par les professeurs sentant dans ce bonheur un encouragement à poursuivre leur tâche d'enseignement populaire ; exemplaire par l'ordre, la joie fraternelle, la causerie familière et réservée, les allocutions paternelles et, enfin, par la musique et les récitations, traduction idéale, mais fidèle de tous ces bons cœurs, là, réunis.

M. Brossard, jeune homme instruit, intelligence ingénieuse, bon et utile comme l'institution qu'il dirige, avait construit l'horloge qui marquait les intervalles de cette soirée ; et le temps s'y déroulait distribuant sur son chemin le charme pour nous et pour M. Brossard le mérite et la joie de l'avoir procuré.

M. Brossard a succédé à l'éminent M. Berger, il ne le fera pas oublier, puisque son zèle et les sympathies dont il est entouré s'offrent comme une prolongation des lumières de son prédécesseur et des sentiments qu'il inspirait à chacun.

Nous avons toujours beaucoup estimé M. G. Berger. Cet homme, doux et poli, n'a pas les sursauts de l'indépendance, mais il est indépendant. A la fois esprit de pratique et d'étude, écrivain solide et élégant, il semble avoir pris cette qualité maîtresse, cette qualité rare du républicain et chez le républicain lui-même à ces ouvriers de l'Imprimerie Chaix, dont il dirige le personnel, qui se souviennent toujours que leurs prédécesseurs donnèrent son levier au siècle de la *Renaissance*.

Voilà quelle a été cette réunion. Hé bien ! multipliez par cent, par mille, etc., ces personnes qui la formaient, industriellement, intellectuellement actives, d'habitudes morales et libérales, d'un civisme non agité, mais éclairé et solide, affamées de vérité, de cette vérité qu'engendrent et que contrôlent l'étude et la réflexion, et vous aurez Paris, vous aurez la France dans son expression saine et élevée, vous aurez notre démocratie, celle qui produit les grands ouvriers inventeurs, les grands soldats, les orateurs, les dignes citoyens, les savants, les artistes.

Cette société générale a existé, sous des formes différentes, dans tous les temps et en tous pays. Elle existait, la plus nombreuse, en Espagne, sous Philippe II; en Italie, sous les Borgia; en France, sous Charles IX. Elle existait, non pas certes dans les mêmes conditions de bien-être, de sécurité, d'indépendance, d'instruction, mais avec la même assiduité de travail, le même cœur, les mêmes instincts vers le bien et le beau, la même innocence.

N'accusons donc jamais les peuples, ils s'accusent eux-mêmes, les imprévoyants ! pour les fautes ou les crimes de leurs gouvernants royaux ou populaires. Ils s'aigrissent réciproquement de rancunes, ils s'injurient. Espagne, Italie, Grèce, France, ressassent de vieux et absurdes griefs contre chacune. Sottise, ignorance, piège ! toutes ces rancunes manquent de justice, tous ces peuples sont innocents.

Quant une maison a été livrée au feu, accusez-vous la maison brûlée ! Vous accusez les barbares qui du dedans ou du dehors l'ont mise en cendres.

Les irréfléchis, les esprits intéressés ou faux disent : Paris Communeux ; Paris Septembriseur, Ligueur ; Paris de la Saint-Barthélemy ; Paris Bourguignon ou Armagnac. Ce Paris n'exista jamais.

Mais il y eut le peuple de Jeanne d'Arc ; le peuple de la grande Rénovation de 1789.

Il y eut, il y a Paris, centre universel d'émancipation humaine, initiateur et civilisateur, en face de Berlin rétrograde et féodal et de Rome théologique.

Mais pour parler au nom de ce grand Paris il faut avoir beaucoup appris, avoir beaucoup aimé.

J'écrivais ces dernières lignes lorsque m'a été remis *El Globo* du 19 octobre, journal de Madrid. Ce grand organe de la République dans la Péninsule Ibérique arrive quelquefois à Paris, non pas comme l'aigle de Napoléon sur les tours de Notre-Dame, mais comme un aigle latin des Pyrénées, ces hauteurs immaculées de l'indépendance, sur la cîme de notre Colonne de la Bastille ; il veut s'assurer qu'elle est toujours debout ; il la contemple comme le gage sacré de la liberté humaine, comme un astre influant sur l'Espagne. Cet aigle, c'est M. Castelar écrivain, orateur dans ce journal, saluant, exaltant la France, sa nuit du 4 août, sa journée du 14 juillet ; éclairant devant l'Espagne et devant l'Europe, des flammes de sa parole, les annales sacrées de notre émancipation.

Je lis, dans *El Globo* du 19 octobre, un discours de M. Castelar, à l'Hôtel de Ville de Madrid, dans un banquet offert aux membres du Congrès littéraire international. Dans ce discours, le grand orateur salue les villes Capitales de l'Europe ; enfin, il salue Paris, et son salut est un cantique par la bouche de l'humanité tout entière :

« Paris attirera bientôt par ses souvenirs de 1789 les Pèlerins du progrès. Tous les hommes libres descendent des parias, des ilôtes, des esclaves, des serfs ; ils voudront baiser la terre où furent brisées les chaînes de leurs pères ; ils viendront voir ce Sinaï qui révéla au monde, au milieu des orages fulminants de l'esprit, la liberté, l'égalité, et la fraternité. Cette révélation accomplit aujourd'hui parmi nous les promesses de l'Évangile et ouvre, pour un avenir non éloigné, les horizons des plus belles espérances à la foi en une émancipation universelle. » *(Frénétiques applaudissements qui se prolongent, arrêtent l'orateur, l'interrompent par des salves repétées.)*

Le cœur de la France a déjà répondu à ces paroles qu'a adressées M. Castelar aux réprésentants illustres des nations européennes et il a répondu aussi aux applaudissements de l'Europe, représentée à l'Hôtel de Ville de Madrid. Je crois que les membres de la réunion amicale dont j'ai parlé les liront ici avec larmes et j'espère que le choral de la *Belle Jardinière*, restituant, dans sa forme naturelle de poésie et de musique, cet acte de foi à notre Patrie, ce serment de fidélité et d'amour à l'esprit de 1789, cet appel à l'Europe devant l'Europe, cette Fédération inspirée, non pas des provinces et des communes ralliées depuis près de cent ans, mais des nations au Champ de Mars, j'espère que le choral de la *Belle Jardinière* interprétant de ses cent voix, de ses cent muses, notre France, industrielle et pacifique, humaine, fondatrice de l'amour gratuit et du droit, *le souverain du monde*, recueillera ce cri de l'âme de Madrid et le traduira en un sentiment et en un psaume de notre hospitalité nationale.

E. St-B. MUSSET

Paris, 20 octobre 1887.

IMPRIMERIE ET LIBRAIRIE CENTRALES DES CHEMINS DE FER. — IMPRIMERIE CHAIX, RUE BERGÈRE, 20, PARIS. — 22102-7.

www.ingramcontent.com/pod-product-compliance
Lightning Source LLC
Chambersburg PA
CBHW061237050726

47594CB00009B/3917